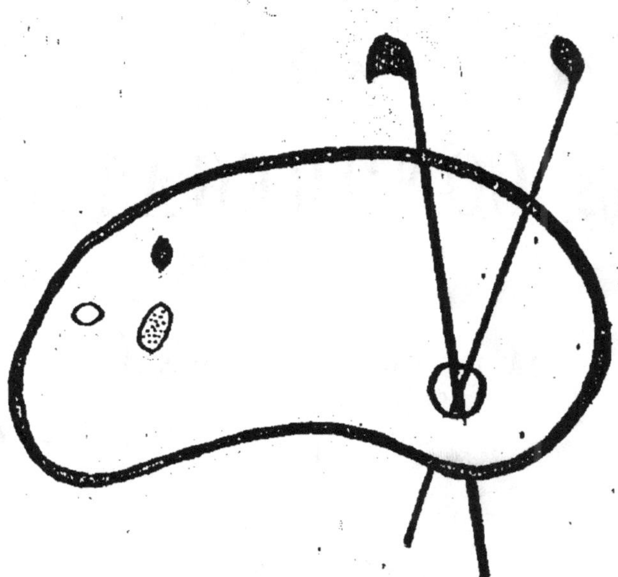

DEBUT D'UNE SERIE DE DOCUMENTS
EN COULEUR

SCIENCE ET RELIGION
Études pour le temps présent

La Persécution religieuse en Allemagne
1872-1879

LES CONGRÉGATIONS

Monographie

PAR

le P. Paul BERNARD
de la Compagnie de Jésus

I

PARIS
LIBRAIRIE BLOUD & Cie
4, RUE MADAME ET RUE DE RENNES, 59
1903

SCIENCE ET RELIGION

Études pour le temps présent. — Prix : 0 fr. 60 le vol.

— Certitudes scientifiques et certitudes philosophiques, par le R. P. DE LA BARRE, S. J., prof. à l'Institut catholique de Paris.   1 vol.
— *Du même auteur :* L'Ordre de la nature et le Miracle.   1 vol.
— L'Ame de l'homme, par J. GUIBERT, supérieur du séminaire de l'Institut catholique de Paris.   1 vol.
— Faut-il une religion ? par l'abbé GUYOT.   1 vol.
— *Du même auteur :* Pourquoi y a-t-il des hommes qui ne professent aucune religion ?   1 vol.
— Nécessité scientifique de l'existence de Dieu, par P. COURBET.   1 vol.
— *Du même auteur :* Jésus-Christ est Dieu.   1 vol.
   id.   Convenance scientifique de l'Incarnation.   1 vol.
— Études sur la pluralité des mondes habités et le dogme de l'Incarnation, par le R. P. ORTOLAN.
   I. — *L'Épanouissement de la vie organique à travers les plaines de l'infini.*   1 vol.
   II. — *Soleils et terres célestes.*   1 vol.
   III. — *Les Humanités astrales et l'Incarnation.*   1 vol.
— *Du même auteur :* La Fausse Science contemporaine et les Mystères d'Outre-tombe.   1 vol.
   id.   Vie et Matière ou Matérialisme et spiritualisme en présence de la Cristallogénie.   1 vol.
   id.   Matérialistes et Musiciens.   1 vol.
— L'Au delà ou la Vie future d'après la foi et la science, par l'abbé J. LAXENAIRE.   1 vol.
— Le Mystère de l'Eucharistie. — Aperçu scientifique, par l'abbé CONSTANT.   1 vol.
— *Du même auteur :* Le Mal, sa nature, son origine, sa réparation.   1 vol.
— L'Eglise catholique et les Protestants, par G. ROMAIN.   1 vol.
— *Du même auteur :* L'Inquisition, son rôle religieux, politique et social.   1 vol.
— Mahomet et son œuvre, par J. L. GONDAL, professeur d'apologétique et d'histoire au séminaire Saint-Sulpice.   1 vol.
— *Du même auteur :* L'Eglise Russe.   1 vol.
— Christianisme et Bouddhisme (*Études orientales*), par l'abbé THOMAS, vicaire général de Verdun.   2 vol.
— *Du même auteur :* Dieu auteur de la vie.   1 vol.
   id.   La Fin du monde d'après la Foi.   1 vol.
— Où en est l'hypnotisme, son histoire, sa nature et ses dangers, par A. JEANNIARD DU DOT, auteur du *Spiritisme dévoilé*.   1 vol.
— *Du même auteur :* Où en est le Spiritisme.   1 vol.
   id.   L'Hypnotisme et la science catholique.   1 vol.
   id.   L'Hypnotisme transcendant en face de la philosophie chrétienne.   1 vol.

— Le Levier d'Archimède ou la Mécanique céleste et le Céleste mécanicien, par le R. P. Ortolan, 2 vol.

— Ce que le Christianisme a fait pour la femme, par O. d'Azambuja. 1 vol.

— L'Hypnotisme et la Stigmatisation, par le Dr Imbert-Gourbeyre. 1 vol.

— L'Education chrétienne de la Démocratie, *essal d'apologétique sociale*, par Ch. Calippe. 1 vol.

— La Religion catholique peut-elle être une science ? par l'abbé G. Frémont. 1 vol.

— *Du même auteur :* Que l'Orgueil de l'Esprit est le grand écueil de la Foi, *Théodore Jouffroy, Lamennais, Ernest Renan.* 1 vol.

— La Révélation devant la Raison, par F. Verdier, supérieur de Grand Séminaire. 1 vol.

— Confréries musulmanes, — *Histoire, Discipline, Hiérarchie*, par le R. P. Petit. 1 vol.

— Pratique de la Liberté de conscience dans nos Sociétés contemporaines, par l'abbé Canet. 1 vol.

— Comment peut finir l'univers, d'après la science, par C. de Kirwan. 1 vol.

— Les Théories modernes de la criminalité, par le Docteur Delassus. 1 vol.

— Faillite du matérialisme par Pierre Courbet, 3 vol. *se vendant séparément :*

 I. — *Historique* 1 vol.
 II. — *Discussion : l'atome et le mouvement.* 1 vol
 III. — *Discussion : l'éther, les gaz, l'attraction. Conclusion. — Appendice.* 1 vol.

— Le Globe terrestre, par A. de Lapparent Membre de l'Institut, professeur à l'Ecole libre des Hautes Etudes, 3 vol. *se vendant séparément.*

 I. — *La Formation de l'écorce terrestre.* 1 vol.
 II. — *La nature des mouvements de l'écorce terrestre.* 1 vol.
 III. — *La Destinée de la terre ferme et la Durée des temps.* 1 vol.

— De la Connaissance du Beau, *sa définition, application de cette définition aux beautés de la nature,* par l'abbé Gabouit, archiprêtre de la Cathédrale de Nantes. 1 vol.

— Le Diable dans l'Hypnotisme, par le docteur Ch. Hélot. 1 vol.

— De la Prospérité comparée des nations protestantes et des nations catholiques, *au point de vue économique, moral, social,* par le R. P. Flamérion, S. J. 1 vol.

— L'Art et la Morale, par le P. Sertillanges, dominicain, docteur en théologie. 1 vol.

— La Sorcellerie, par I. Bertrand. 1 vol.

— Qu'est-ce que l'Ecriture sainte ? *Les Livres inspirés dans l'antiquité chrétienne : Théorie de l'inspiration,* p. le P. Th. Calmes, 1 vol.

— Les Morts reviennent-ils ? par I. Bertrand. 1 vol.

(*Demander la liste* complète *des volumes* Science et Religion, *parus à ce jour*).

SAINT-AMAND (CHER). — IMPRIMERIE BUSSIÈRE

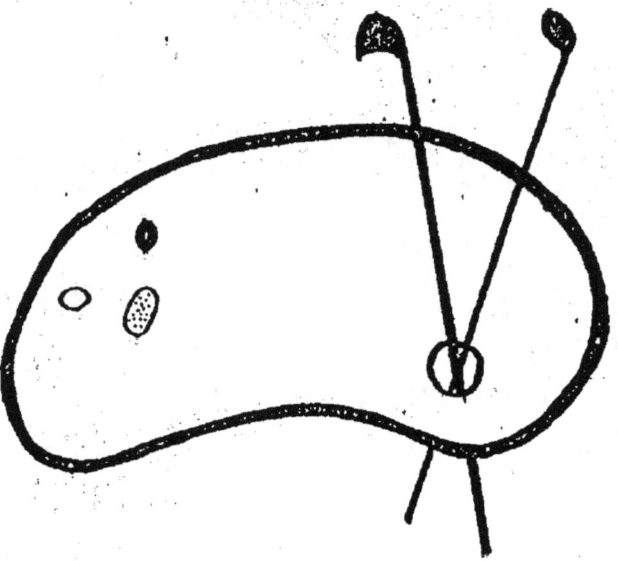

FIN D'UNE SÉRIE DE DOCUMENTS
EN COULEUR

La Persécution religieuse en Allemagne
1872-1879

LES CONGRÉGATIONS

Monographie

PAR

le P. Paul BERNARD
de la Compagnie de Jésus

I

PARIS
LIBRAIRIE BLOUD & Cᶦᵉ
4, RUE MADAME ET RUE DE RENNES, 59
1903

LES CONGRÉGATIONS

AVANT-PROPOS

« *Apesar d'isso, Ella voltard...* »
Pombal, 3 septembre 1759.

Jacobins de toute race et de tout temps se ressemblent ; c'est là le signe distinctif de leur originalité. Taine, de son crayon mordant et superbe ne les a-t-il pas caractérisés au mieux, lorsqu'il s'attaque à ces malfaisants « qui naissent de la décomposition sociale, ainsi que les champignons dans un terrain qui fermente (1) ? »

Les agriculteurs trouveront à réclamer, peut-être ; mais le mot est vif, il peint la chose par le dedans.

Car, de ces individus sans individualité, la psychologie est aussi rudimentaire qu'elle est redoutable. Disséquez-la ; elle se compose, en dernière analyse, d'une idée fixe, une seule, et d'un afflux de brutale passion. Mais l'idée retentit sur tous les tons du verbiage des mots sonores et grandiloquents : spectre clérical, internationale

(1) *Les Origines de la France contemporaine, La Révolution*, t. II, p. 18.

noire, machiavélisme, conspiration jésuitique, ou autres vocables de même ordre qui n'indiquent que trop des esprits hantés, mais qui prennent partout et toujours sur la mentalité des masses. Et la passion jacobine, à son tour, de germe obscur, d'essence encore mal définie, est si constamment montée au paroxysme de fureur que toujours aussi et partout, elle finit, aussitôt lâchée, par aboutir, envers l'Eglise, aux actes les plus arbitraires et les plus violents ; confiscation de libertés primordiales, négation des droits les plus sacrés, mesures d'oppression et de vexation les plus iniques contre les évêques, contre le clergé, hécatombes toujours plus fournies de religieux et de religieuses, commencement de boucherie nationale.

Tels sont les caractères généraux. Mais dès qu'on étudie de plus près l'histoire des persécutions du dernier siècle, dès qu'on prend soin de dépouiller les programmes, les harangues à clubs, les plans de campagne, les discours, rapports et discussions parlementaires, les articles de journaux ou de revues, les ressemblances de détail abondent, et l'on croit rêver. On se demande à part soi quelle est la griffe mystérieuse qui a pu modeler, sur ses œuvres de provenance si diverse et d'aspects si disparates, le sceau de son identité.

Car il n'y a pas à s'y méprendre : en France, en Italie, en Espagne, en Prusse, partout où le jacobinisme sévit, il se répète lui-même et se reproduit, à bout d'invention, sans se lasser. 1872 et 1902, deux dates également funèbres dans les annales des Congrégations religieuses en Allemagne et en France, offrent au monde le même spectacle, même tragédie sous d'autres décors.

M. Waldeck-Rousseau a-t-il caressé la vanité de jouer au petit Bismarck? Il le paraît bien, tellement il s'applique à serrer de près son modèle, froid, hautain, avide d'encens, sceptique, énigmatique comme le chancelier de fer, tenace dans ses desseins, se complaisant à tourner élégamment ses phrases, et à brusquer les choses, comme lui.

Et tout le reste a suivi, à l'avenant. Gouvernement et radicaux français ont pris le *Culturkampf* pour modèle. Ici et là, on retrouve à l'égard des Ordres religieux, les mêmes passions, les mêmes procédés, les mêmes vexations, les mêmes erreurs, les mêmes redites et presque les mêmes lois. Au début, campagne de presse contre les « scandales » et les richesses des couvents ; — Bismark n'avait-il pas lancé, lui aussi, le demi-milliard des Jésuites ? — choix d'un ministre à poigne ; lois d'exception votées hâtivement sans raison avouée, si ce n'est la raison d'Etat ; majorité servile ; décrets aggravants ; perquisitions minutieuses et odieuses ; interdiction aux Jésuites de prêcher et de dire la messe ; mort instantanée pour les Ordres enseignants, mort avec sursis pour les autres. Rien n'y manque, et le cerveau de mes jacobins reste vide de toute pensée neuve.

Oui, nos ministres n'y sont pour rien du leur ; toute cette retentissante élaboration, cette mise en œuvre dramatique de la loi contre les Congrégations de France, n'est au fond, qu'une pièce d'emprunt, un acte prussien joué par Waldeck et Trouillot.

Enghien (Belgique) 3 décembre 1902

CHAPITRE I

Depuis la grande tourmente de 1793, et surtout depuis la sécularisation de 1803, les Congrégations religieuses de l'Allemagne avaient connu
des jours bien tristes et bien durs. Partout les
couvents avaient été fermés, confisqués ou dé-
truits ; moines et religieuses s'étaient dispersés
au hasard, les uns à l'étranger dans les maisons
de leur Ordre, les autres sur place dans leur
famille, chez des amis, ou isolément, attendant
des jours meilleurs, qui furent lents à venir.
C'était la plus belle œuvre des siècles détruite de
fond en comble, en quelques années, par une
révolution barbare.

Bien rares, les survivants qui eurent la joie de
voir se lever enfin pour l'Eglise, après les jour-
nées de 1848 et sous la garantie de la Charte
constitutionnelle de 1850, une ère d'espérances
et de libertés.

En 1817, la Bavière avait bien signé avec le
pape Pie VII un concordat qui reconnaissait
l'existence des Congrégations religieuses sous

certaines conditions ; mais pratiquement les entraves continuèrent comme avant à subsister et très peu de couvents purent dès lors reprendre vie.

Exception fut faite, toutefois, en faveur des Rédemptoristes, qui s'étaient établis dès 1820 en Autriche, à Maria-Stiegen, et que le roi Louis I invita bientôt de lui-même à fonder des maisons en Bavière. C'est à Vienne, pendant le Congrès de 1815, que le prince royal Louis avait connu le P. Hoffbauer, de grande et sainte mémoire ; il avait appris aussitôt à le vénérer, à l'aimer, et il ne tarda point à le choisir pour confesseur et pour ami. Des difficultés venues d'ailleurs retardèrent pour un temps l'installation des religieux. Enfin, en 1841, la Congrégation du Très-Saint Rédempteur put se fixer à Altœtting et tel fut le bienveillant accueil reçu partout au sein des populations bavaroises, telle fut aussi l'affluence extraordinaire des vocations, que les Pères Rédemptoristes se trouvèrent promptement en état de fonder six autres maisons dans le royaume (1).

Exilés du territoire en 1848, après la défaite du Sonderbund, les Jésuites avaient également rencontré dans toute l'Allemagne, à Fribourg, à Coblence, à Bonn, à Cologne, à Münster, la plus sympathique et la plus joyeuse réception.

Soixante-quinze ans s'étaient écoulés depuis la suppression de la Compagnie de Jésus en 1773 ;

___

(1) HEIMBUCHER, *Die Orden und Congregationen* Paderborn 1897, t. II, p. 304 sq.

mais les catholiques allemands n'avaient point perdu de vue leurs bienfaiteurs. Dans l'âme de ce peuple qui n'oublie point, la reconnaissance restait vive pour tant de services, et si éclatants, rendus pendant plus de deux siècles par la Compagnie à l'Église et au pays, dans les ministères de la prédication et des missions, dans l'éducation de la jeunesse, dans les chaires des Universités, dans le champ toujours élargi des publications savantes, dans toutes les œuvres de bienfaisance et d'humble dévouement ; et si l'histoire ne pouvait méconnaître que les Jésuites avaient sauvé autrefois du protestantisme et de la ruine les plus belles provinces de l'Allemagne, tout ce qu'on en pouvait sauver, il n'était douteux pour personne que leur action ne cesserait point d'être salutaire et glorieuse et qu'ils continueraient, comme par le passé, à vivifier autour d'eux la foi, à grouper superbement les énergies, à consoler, en les apaisant, les misères morales ou sociales à maintenir toujours plus haut et plus radieux, par l'éclat de la science et du bien, le nom catholique.

Tels étaient les compliments de bienvenue et les espérances dont la presse catholique, à l'unanimité, saluait le retour de la Compagnie de Jésus, en faisant remarquer que la nation allemande pouvait être fière à bon droit d'avoir su, mieux que tout autre peuple, apprécier ses services (1).

(1) Cf. Fehr, *Jesuitenorden* dans la première édition du *Kirchenlexicon*.

Peu à peu reparaissaient, au milieu de l'allégresse populaire, les costumes pittoresques, blancs, noirs ou bruns, des anciens Ordres. Bénédictins, Chartreux, Franciscains, Dominicains reprenaient possession de leurs anciens monastères ou fondaient de nouveaux établissements (1). Lazaristes et Pères du Saint-Esprit venaient à leur tour apporter le tribut de leur zèle à cette grande œuvre de prière et de charité, que les religieux étaient en train de rétablir sur les points les plus divers du sol allemand, sans que les esprits malintentionnés, sans que les sectaires protestants aient jamais pu saisir une occasion de les prendre en défaut ou de formuler contre eux le plus infime grief. Partout, au contraire, dans les centres catholiques comme dans les pays de confessions mêlées, les ouvriers les accueillaient avec joie, les malades et les pauvres les bénissaient, les protestants, ceux du moins qui les voyaient à l'œuvre, les respectaient et, dans le fond de leur cœur, les admiraient.

Il serait bien superflu de faire remarquer que les Congrégations de femmes n'étaient point en retard dans ce magnifique développement de toutes les institutions charitables. Les Dames anglaises établies à Nymphenburg (Bavière) dès 1835, les Dames du Sacré-Cœur installées à Warendorf (Wesphalie) vers la mi-janvier 1852, les Ursulines appelées à Aix-la-Chapelle en 1848, puis à Trèves, multiplièrent leur activité pour

(1) Helmbucher, *Op. cit.*, t. I et t. II, aux noms mentionnés.

répondre aux instantes demandes des familles, ouvrant comme par miracle les écoles, les pensionnats, les orphelinats, les ouvroirs, et consacrant leurs soins, d'un même entrain et d'une égale affection, à toutes les classes de la société, aux pauvres comme aux riches, aux heureux du monde comme aux délaissés et aux humbles,

Pour leur part, les Sœurs de Saint-Vincent de Paul et les Sœurs de Saint-Charles prenaient la direction des hôpitaux, et leur douce charité, leur céleste sourire en face de la souffrance, l'héroïque empressement qu'elles apportaient à calmer toutes les douleurs, à panser avec un art merveilleux toutes les plaies, faisaient chaque jour l'admiration des médecins, mais surtout l'infinie consolation des souffreteux et des abandonnés.

Sous cette bienfaisante et fécondante action des Ordres religieux, la vie catholique allait s'épanouissant dans un renouveau de sève, et bientôt dans une vigoureuse floraison. On put en juger au nombre et à l'excellence des œuvres multiples qui naissaient par enchantement dans tous les centres populeux de l'Allemagne, pour se ramifier de là dans les petites villes et jusque dans les moindres hameaux des campagnes : cercles ouvriers, patronages, sociétés de tempérance, œuvres de préservation ou de relèvement, confréries pieuses, Congrégations de la Sainte Vierge, et autres institutions si éminemment utiles, indispensables même pour maintenir et promouvoir chez les jeunes gens comme dans les familles, avec les convictions religieuses la pureté de la vie chrétienne et la sainteté des mœurs. Une seule des Congrégations érigées à Aix-la-Chapelle par les Pères de la Compagnie de Jésus compta en peu d'années pour sa part, plus de 2 000 ouvriers.

Peut-on imaginer rien de plus généreux et de plus salutaire que cette puissante entreprise de moralisation ?

Le bienfait qui en résultait pour l'Allemagne ne peut s'évaluer en chiffres, se figurer en diagrammes. Mais qu'avons-nous besoin de recourir aux descriptions méthodiques, nous qui sentons si vivement en France, à cette heure, le vide désolant que laissent après elles les congrégations exilées, et qui mesurerons trop tôt, hélas ! l'immensité de la perte ?...

Comme une ruche en pleine activité, tel était le soin vigilant que mettaient les Congrégations hospitalières ou enseignantes à distribuer et à étendre le champ de leur action dans la sphère assignée par Dieu, que bientôt, les efforts n'arrivant plus à épuiser la récolte plus riche que les espérances, il fallut songer à de nouveaux accroissements et faire appel à de nouvelles ouvrières. Tant de misères s'étalaient au regard ! Il y avait tant de malheureux à recueillir, de pauvres enfants à instruire ! Et tant d'âmes, éprises de dévouement, demandaient aussi à s'associer à la grande œuvre de régénération chrétienne et sociale !

Déjà, en 1845, Franziska Servier fondait à Aix-la-Chapelle, patrie de tant de nobles cœurs, les Petites Sœurs de Saint-François. — Trois ans plus tard, à Aix encore, c'est la Congrégation des Sœurs du Pauvre Enfant Jésus qui prend vie et se développe, pour l'instruction et le soin des enfants abandonnés, sous les persévérants efforts de deux âmes héroïques, Clara Fey et Léocadie Starz. — La même année, 1848, une pauvre servante de village réunit à Dernbach, au diocèse de Limbourg, un groupe de jeunes filles résolues à se dévouer, dans les offices les plus rebutants, au service du Bon Maître, c'est-à-dire de tous les nécessiteux, et une nouvelle Congrégation surgit, admirable d'abnégation et d'endurance, sous le nom des Pauvres servantes du Christ. — Puis c'est Pauline de Mallinckrodt qui trace, en 1850, les règles de l'Institut des Sœurs de l'Amour divin. — Enfin se fondait à Mayence pour le soin des malades, surtout des malades pauvres, la Congrégation de la divine Providence ; mais bientôt les religieuses ne peuvent suffire à la tâche, pas plus que leurs émules en dévouement, les bonnes sœurs de Niederbronn.

Une statistique officielle établit que, de 1848 à 1872, il s'était fondé en Allemagne 57 couvents de religieux et 824 maisons de religieuses.

Ce merveilleux développement des Congrégations et de leurs œuvres de charité excita sans doute la fureur de sectaires et les cris de détresse de certains journaux à la solde des Loges. Mais il faut reconnaître, et il faut redire que dans aucune des villes où les maisons religieuses s'étaient fixées et poursuivaient leur apostolat, jamais les protestants, témoins d'un dévouement dont ils comprenaient le prix, sinon le motif, n'élevèrent la moindre récrimination. L'opposition venait du fond de la Saxe, des landes les plus lointaines de la Prusse, où, depuis plus de trois siècles, précisément, robe de moine ou cornette de sœurs n'était apparue.

La cause la plus efficace, la plus directe aussi, de ce réveil général et soudain de la vie catholique en Allemagne, il convient de l'attribuer à l'action prodigieuse exercée sur les masses populaires par les missions que donnaient à l'envi, dans les villes et les campagnes, les Ordres religieux actifs. Capucins, Jésuites, Lazaristes, Pères du Saint-Esprit rivalisaient de zèle et de succès. Jamais œuvre ne fut bénie par le ciel avec plus de faveur que celle-là. De toutes les paroisses environnantes, et parfois de fort loin, le peuple accourait aux sermons. Bien souvent, faute de place, il fallut prêcher en plein air et c'est à peine si les prêtres, toujours nombreux dans ces grandes solennités, suffisaient à entendre les confessions, dont la série se poursuivait jusque bien avant dans la nuit.

Ces missions duraient généralement quinze jours pleins ; elles ne s'achevaient pas sans qu'un certain nombre d'œuvres et de confréries eussent été fondées dans la paroisse, afin de maintenir le zèle et de corroborer les saines résolutions. Toutes purent se dérouler en paix, dans les quartiers populeux des villes aussi bien que dans les campagnes, sans que l'ordre fût en rien troublé, sans que les protestants eussent montré jamais, en pays mixte, autre chose que du respect, souvent mêlé de sympathie. Presque toujours on vit des dissidents assister en grand nombre aux prédications, et dans plusieurs villes, à Langenwehe, par exemple, à Hirschau, et ailleurs, les maîtres de fabrique n'hésitèrent pas à permettre à leurs ouvriers de suivre les instructions. Ils savaient bien que c'était tout profit, et pour leurs employés, et pour eux. Car partout, après ces missions, on put constater que le niveau moral se relevait sensiblement, que les familles étaient plus unies, les cabarets moins fréquentés, les jeunes gens plus exemplaires et que la prospérité sociale n'y gagnait pas moins que la foi religieuse.

Des craintes, personne n'en ressentait ; tous les cœurs étaient à l'espoir. La constitution du 30 janvier 1850 assurait à l'Eglise catholique, déclarée autonome, « la possession et jouissance de tous établissements, fondations et capitaux destinés au culte, à l'enseignement ou à la bienfaisance », (art. 12 et 13). N'était-elle point le gage le plus ferme de sécurité, la plus inviolable des garanties ? Les « rouges » de 1848 avaient été définitivement dispersés et vaincus. N'était-ce point la paix à longue échéance ? Tous les partis avaient juré fidélité à la Constitution ; qui donc songerait à la renverser ?

CHAPITRE II

Premières attaques. — L'aigle de Prusse. — Bismark et
ses plans. — Coryphées. — La *Ligue protestante*. —
Le « scandale de Cracovie », — Les Dominicains de Moabit,
Assaut du couvent. — Sombres présages.

La paix n'était qu'apparente. Tandis que les
Congrégations religieuses étendaient autour d'elles
le réseau de leurs œuvres charitables et se développaient en terre catholique au milieu des bé-
nédictions de tous, confiantes dans l'avenir, mais
ne songeant qu'au présent, la guerre se préparait
dans l'ombre, contre leurs florissantes institutions
et contre elles. Déjà grondait l'orage du côté de
Berlin et de Koenigsberg et le gouvernement
libéral de Munich s'essayait aux coups de main.

Au fait, à peine le premier effroi causé par la
tourmente révolutionnaire de 1848 était-il éva-
noui, que le fanatisme protestant, d'accord avec
le satanisme des Loges, élaborait obscurément,
mais solidement, son plan de campagne et atten-
dait l'heure, qu'il saurait bien lui-même faire
sonner à propos, où il lui serait loisible de con-
centrer ses troupes et de les lancer, d'un brusque
coup de clairon, à l'assaut des Congrégations
désarmées et surprises.

Là-bas, au fond du Brandebourg et de la Po-
méranie, que leur reprochait-on ?

Rien, si ce n'est leur existence même. Et précisément c'est ce droit d'exister qu'on leur contestera, qu'on leur enlèvera, en vertu même des lois fondamentales de la monarchie prussienne.

Car on ne saurait nier, affirmaient les libéraux que la maison de Prusse ne soit foncièrement et essentiellement anticatholique : par ses origines, par ses traditions, par toutes ses tendances, elle représente le protestantisme militant. D'où vient sa puissance, à cette heure, sinon d'un acte de révolte contre l'Eglise (1) ? Aussi convenait-il à cette heure de s'appuyer plus que jamais sur l'Eglise protestante, « instrument politique nécessaire par le fait même de son antagonisme avec la religion catholique (2). » Comment, dès lors, s'étonner que la guerre un instant interrompue « contre le papisme et le monachisme », ait repris de plus belle, à la première occasion, toute l'impétuosité de ses sauvages ardeurs ?

Sans parler des Loges, toujours haletantes à la curée, les vieux conservateurs des Marches, les doctrinaires des universités, les fonctionnaires hégéliens n'avaient point vu, sans un profond dépit, la constitution de 1850 concéder à l'Eglise catholique romaine et aux Congrégations religieuses, la liberté, c'est-à-dire l'action et la vie. Pour le moment, ils étouffaient leurs plaintes. Mais ils faisaient mieux que de gémir : ils étaient à l'œuvre et dressaient leurs batteries. Pour eux,

____

(1) Cf. FRIEDBERG, *Die Grenzen zwischen Staat und Kirche*. Laupp 1872.

(2) KETTELER, *Le Culturkampf* ou la lutte religieuse en Allemagne, Paris 1875, p. 77 sq.

la Charte de 1850 provenait d'un acte de fai-
blesse arraché à un roi débonnaire et « moitié
romain » ; c'était une constitution factice en
opposition absolue avec la constitution naturelle
de la monarchie en Prusse, telle que la montrait
l'histoire dans son évolution logique au cours des
siècles. Une pareille déclaration était donc de
nulle valeur ; il importait de l'abroger au plus
vite. C'est ce que Bismark appelait « une reprise
des vieilles traditions prussiennes (1) ».

Et n'est-ce point exactement cela, en droit
comme en fait ? Manger du moine, c'est essentiellement luthérien.

Avant tout, il s'agissait de préparer l'opinion
publique et de colorer l'entreprise d'une teinte de
légalité. Professeurs de théologie, de droit cano-
nique ou de droit civil aux grandes Universités,
publicistes de toute provenance, dans les Revues,
dans les journaux, dans les feuilles volantes, dans
de lourds in-quarto, se mirent fiévreusement à
l'œuvre, stimulés par Bismarck, qui lançait le
mot d'ordre. Et ce mot d'ordre était de distin-
guer soigneusement, de séparer aussi nettement
que possible la cause des religieux de celle de
l'Eglise ; d'attaquer séparément les deux forces ;
de chercher au besoin à se ménager le concours
de l'une pour réduire l'autre ; d'en finir tout
d'abord, et d'un coup brusque, avec les moines ;
puis, une fois balayée l'avant-garde, une fois
dispersées les troupes d'élite, de se retourner

(1) MAJUNKE *Geschichte des « Kulturkampfes » in Preussen-Deutschland.* Paderborn 1902, p. 8.

résolument contre le corps de bataille maintenant découvert.

En attendant, protester au Parlement et dans les notes officielles, que l'on n'en veut aucunement à l'Église et qu'on est plein de respect pour ses droits : bien plutôt s'agissait-il, en réglant par une loi d'empire « la situation légale » des Ordres religieux, de la couvrir elle-même contre tout empiétement et de la défendre !

Ainsi fut fait. Les trois hommes qui prirent la direction intellectuelle du Culturkampf et constituèrent, sous la poussée occulte de Bismarck, le grand état-major de l'armée évangélique et libérale, les professeurs Gelzer de Berlin, Friedberg de Leipzig, et Bluntschli d'Heidelberg, rivalisaient de zèle et de furia, tout à la fois hommes de direction et d'action, préparant les pièces et les plans dans la poudre des bibliothèques, et faisant le coup de feu, comme de jeunes lieutenants, aux avant-postes. Friedberg était juif, Bluntschli franc-maçon et Gelzer protestant orthodoxe, ce qui veut dire pur.

Mais cette guerre aux couvents, quand et comment la déclarer ?

De quel prétexte se munir ?

Car on n'abroge pas les Chartes constitutionnelles, on ne fait pas voter des lois de proscription et de confiscation, on n'allume pas l'incendie des passions et des luttes religieuses sans motif suffisant ou tout au moins plausible.

Il est vrai que le chancelier de fer, dans tous les conflits de sa politique avec les autres puissances, a toujours eu l'audace de se dire provoqué, Schleswig, Hanovre, Autriche, France, tout le monde l'attaquait, cet homme pacifique ! n'était-il pas de son devoir, en pareil cas, de courir sus à autrui pour mettre en sûreté son existence ?...

Mais ici ?

Bismark, comme le loup, prétendait bien que le moine troublait son onde. Mais ils n'étaient point, à eux deux, tout à fait au coin d'un bois, et l'égorgement, au regard des peuples, devait s'opérer suivant certaines formes, une apparence de justice tout au moins. Or rien d'illégal, rien de louche ne se manifestait. Ni la police, ni les tribunaux, ni la presse n'avaient eu le don jusqu'alors — et l'envie ne manquait point — de relever une charge, même minime, même supposée, à l'adresse des religieux. Ceux-ci faisaient partout le bien, ne faisaient que cela, et le faisaient sans bruit en toute modestie et douceur.

Le prétexte ? Gelzer, dès le début, se fit fort de le trouver.

Le gouvernement badois avait signé avec le Saint-Siège, le 23 juin 1859, une convention que les libéraux attaquaient sans merci, la trouvant trop cléricale. Comment ! Voici que l'Ultramontanisme, derechef, prend pied en Allemagne ! A qui la faute ? Aux Congrégations, sans nul doute. C'est leur œuvre. En toute hâte ne faut-il point s'employer à les expulser en masse du territoire germanique ?

Au début de l'année 1860, le Professeur Gelzer, qui avait abandonné sa chaire d'histoire ecclésiastique à l'Université de Berlin pour consacrer toute sa robuste activité à la politique de combat, inaugura dans ce but la publication d'une série d'articles sur *l'incroyable* événement. « La voilà bien — s'écria-t-il en phrases bouffantes — la politique romaine parmi nous ! Son dernier mot, quel est-il ? séparation complète, rupture absolue des catholiques avec l'Allemagne protestante. La nation n'est-elle point coupée déjà en deux castes parfaitement étrangères l'une à l'autre ? Et de cet isolement de l'Allemagne catholique, quelle est la cause ? C'est par dessus tout, l'esprit jésuitique, cet esprit qui gouverne à l'heure présente les catholiques du monde entier. Qu'il asservisse seulement, comme par le passé, à son obéissance aveugle la partie catholique de la nation, alors il pourra être sûr que la paralysie intérieure dont se plaint la partie évangélique, fera des progrès plus rapides que jamais..... Celui des princes allemands ou des conseillers, celui des hommes d'Etat ou des théologiens qui n'aperçoit pas cette pensée intime de la politique sacerdotale de Rome, celui-là peut se vanter de sa myopie (1) ». — D'autres articles suivirent, aussi exaltés, aussi fougueux ; ils parurent assez régulièrement dans une revue créée spécialement pour mener la campagne, la *Revue mensuelle protestante d'histoire intérieure contemporaine.*

En somme, c'était tout simplement la vieille et immuable tactique de tous les gouvernements persécuteurs reprise telle quelle : l'Eglise nous attaque, menée par les Jésuites ; Rome se dresse

____

(1) MAJUNKE, *Op. cit.*, p. 15.

contre l'Allemagne ; défendons-nous ! Et une preuve bien claire cette fois et péremptoire, que « ces Jésuites sacrés et roués » travaillaient à démolir la Prusse, c'était, ni plus ni moins, l'existence d'une revue catholique allemande, les *Historich-politische Blaetter*, « avec leur arrogance hiérarchique, leur inépuisable kurialisme et leur romantique fantasmagorie (1) ».

Conclusion : pour parer efficacement à ce plan de guerre si jésuitiquement concerté, voici les moyens de défense qu'il convenait de prendre au plus tôt :

1. Restreindre le nombre des professeurs ecclésiastiques dans les gymnases.

2. Exiger une éducation plus imbue de sentiments patriotiques et, à cette fin, un contrôle plus sévère de l'enseignement de l'histoire.

3. Proscrire les Jésuites, et supprimer en conséquence les articles 12 et 13 de la Constitution.

Ce projet fut loin de déplaire à Bismarck et la façon « magistrale » qui présidait à son développement, ne fit qu'accroître encore la haute influence dont Gelzer jouissait à la cour. Le gouvernement se disposait même à exécuter immédiatement ces mesures, quand survinrent des complications politiques extérieures, affaire du Schleswig-Holstein, guerre de 1866 avec l'Autriche, qui en ajournèrent pour quelques années la réalisation.

L'Autriche une fois vaincue et hors de combat, l'occasion semblait superbe à la coalition des partis orthodoxes et libéraux. Les Loges se hâ-

____
(1) *Ib.*, p. 19.

tèrent de rappeler à Bismarck ses promesses. Mais l'insatiable ministre, qui roulait maintenant dans sa tête les plus gigantesques ambitions et qui, après Sadowa rêvait d'un Sedan et d'une Prusse impériale, se contenta de répondre mystérieusement, attentif à ne point dévoiler ses desseins : « Patience ! l'heure n'a pas encore sonné ». Ses partisans ne comprenaient rien à tant de mystère ; ils n'avaient point le fil et se croyaient trahis. Tout bas, ils se disaient entre eux — Busch en témoigne dans sa Biographie de Bismarck — que ce rusé diplomate, si habile à tromper ses adversaires, était parfaitement capable de tromper même ses amis, et ils résolurent de lui forcer la main,

De très vifs débats, qui rappelaient par leur violence les discussions de 1852 au Landtag de Prusse et celles de 1864 dans le Grand-Duché de Hesse, avaient surexcité les esprits au Parlement de Bavière en 1867, sur la question des Jésuites et des Ordres religieux. Il en était résulté, de ci de là, quelques mesures vexatoires à l'égard des Congrégations. C'est ainsi que le gouvernement bavarois, après avoir accordé la personnalité civile à l'établissement des diaconesses évangéliques de Spire, la refusait brutalement à la maison-mère des Franciscaines de Pirmasens également vouées au soin des malades ; c'est ainsi encore qu'il chercha noise aux missionnaires et fit son possible pour interdire leurs prédications à Muesing et ailleurs. Mais c'étaient là des faits isolés et la situation légale des Congrégations restait la même.

Pour en finir, le Professeur Kaspar Bluntschli, grand-maître de la Loge de Bayreuth et généralissime de toutes les Loges de l'Allemagne du Sud, convoqua immédiatement à une assemblée plénière, les membres de la Ligue protestante (*Protestantenverein*), dont il était le fondateur et le chef. L'assemblée se tint à Worms le 31 mai 1869. Vingt mille protestants avaient répondu à l'appel du grand pontife, et c'est aux acclamations de tout ce peuple que fut adoptée une motion qui dénonçait au gouvernement prussien « l'esprit et l'action de la Compagnie de Jésus, de cette société qui sonne la guerre à mort contre le Protestantisme et qui étouffe tout germe de liberté. »

On pensait que devant une démonstration aussi solennelle, le chef du ministère s'inclinerait et répondrait par des paroles de combat ; le sphinx ne souffla mot. Peut-être avait-il besoin d'un second avertissement, plus significatif encore..... On eut vite fait de le lui donner, tout en allant chercher bien loin le prétexte de cette nouvelle démonstration.

Il y avait dans un Carmel de Cracovie, une pauvre religieuse dont la folie, d'abord douce, puis soudainement aiguë, devenait difficile à soigner. Comme elle menaçait à chaque instant de se précipiter par la fenêtre dans la rue, il fallut bien murer l'ouverture jusqu'à mi-hauteur et consolider les barreaux ; quoi de plus naturel ? Mais quelle bonne aubaine, aussi, que cette pose de quelques briques, pour la malignité des sectaires à l'affût ! Aussitôt c'est dans toute la ville un *tolle* ; des meneurs circulent ; la populace s'attroupe ; on s'élance à l'assaut du couvent ; on dévaste le collège des Jésuites, et durant trois jours, les 23, 24 et 25 juillet, les troupes de la garnison ne parviennent qu'à grand'peine à maîtriser les cinq mille assaillants et à rétablir l'ordre.

Les pauvres Sœurs étaient bien innocentes : c'était en vertu d'une décision de l'évêque qu'elles gardaient chez elles la malade ; leurs soins étaient des plus charitables et des plus touchants, et l'enquête de la police ne put que révéler les délicatesses de leur dévouement.

Mais qu'importait la vérité ? Toute la presse anticatholique de l'Allemagne s'empara du fait, menant un tapage infernal autour du *Scandale de Cracovie !* Finalement, de tout cet étourdissant tintamarre il résultait aux yeux de la foule protestante que les Jésuites avaient muré vivante la pauvre fille, devenue folle de frayeur !... Ainsi s'écrit l'histoire. Et comme le Congrès des journalistes allemands s'était réuni à Vienne, le 31 juillet, d'emblée il adopta, après de chaudes et longues diatribes contre les moines, la déclaration suivante : « C'est un devoir d'honneur pour tout homme qui pense, de mettre en œuvre tous les moyens légitimes capables d'obtenir la suppression des couvents et le bannissement des jésuites. »

Huit jours plus tard, la tempête éclatait à Berlin, elle aussi commandée à l'avance et payée.

Aux portes mêmes de la capitale, à Moabit, s'élevait, tout proche d'un orphelinat catholique, une modeste chapelle, à peine achevée, que desservaient deux Pères Dominicains. Le 4 août, avait eu lieu sans incident la bénédiction de l'église, lorsque de gigantesques affiches, placardées dans tout le quartier, annoncèrent pour les jours suivants la merveilleuse exhibition d'un danseur de corde. L'acrobate fut maladroit, et la foule l'injuria.

Le lendemain, 15 août, répétition de la même scène ; mais la fureur de la populace, attisée adroitement par des meneurs, ne connut plus de bornes. Obéissant soudain aux cris de rage qui s'élèvent — on ne sait pourquoi — contre les religieux, voilà que la foule en un clin d'œil se rue sur la chapelle et sur le couvent, enfonce les balustrades, fait voler en éclat les vitres, blasphème, hurle et ne se retire qu'à grand'peine, sous les charges de la police, en proférant des menaces de mort.

Les jours suivants, 16, 17 et 18 août, les mêmes attroupements se reforment, hurlant toujours et s'essayant à escalader le monastère. Il fallut de gros renforts de troupes pour maîtriser l'émeute et durant plusieurs semaines les Dominicains furent réduits à vivre dans leur maison, comme dans un camp retranché. Poliment, l'autorité administrative qui trahissait ainsi ses secrètes préoccupations, laissa entendre aux Pères qu'ils feraient bien de se retirer ; on les pria, supplia même de fermer leur maison et l'on finit par recourir aux menaces. Mais les Pères étaient chez eux ; ils entendaient bien y rester et ne point faire le jeu de leurs pires ennemis ; aux promesses insidieuses comme aux intimidations, ils eurent l'énergie de résister et d'opposer résolument leur droit.

Il va sans dire que dans la presse berlinoise ce fut contre eux un déchaînement d'injures et de récriminations. Aussi le parti libéral, battant tout chaud le fer, en prit-il occasion pour organiser immédiatement dans l'Allemagne du Nord une campagne de pétitions, de conférences et de pamphlets contre les couvents.

Le succès fut d'ailleurs fort médiocre. A peine une douzaine de pétitions sans importance et d'origine obscure, furent-elles remises à la Chambre des députés, qui, gravement, sur la proposition du grand-maître maçon Gneist, leur fit l'honneur de les renvoyer à une commission spéciale. Quant aux conférences, elles aboutirent à la réunion d'un congrès des ouvriers berlinois. On y discuta confusément la question des congrégations pour voter ensuite à l'unanimité des 2.000 voix la motion classique : « Considérant que les couvents de moines et de nonnes sont des pépinières d'ignorance, de paresse et d'immoralité, l'assemblée populaire demande l'abolition des couvents, la suppression des Jésuites et, surtout, l'abolition du Concordat de 1821. »

Et ce fut tout le résultat de la campagne : certes, il n'était point compromettant. Mais ce qui devint sérieux danger et ce qui annonçait plus clairement que tout le reste les intentions du gouvernement, c'est que la Commission de la Chambre, à une très forte majorité, prit en considération les quelques rares et maigres pétitions qui lui étaient parvenues et conclut, sur la proposition du Dr Gneist :

1. A la suppression de tout droit corporatif et de toute concession à l'égard des établissements scolaires ou hospitaliers appartenant à des sociétés ecclésiastiques ;

2. A l'interdiction, pour tout membre d'une société religieuse, de prendre part à la direction, administration et surveillance des dits établissements.

Contre ces iniques projets, destinés à rendre impossible toute association religieuse, les catholiques de Breslau, d'Aix-la-Chapelle et de plusieurs autres villes, élevèrent d'énergiques protestations. Bismarck, de son côté, refusa d'appuyer la motion Gneist, qui pour le moment n'eut pas de suites au Landtag. L'empire allemand n'était pas fondé encore et il importait de ne point aggraver une difficulté par une autre. Mais la *Gazette de l'Allemagne du Nord*, organe officieux du président du Conseil, n'en continua pas moins à mener la plus vive campagne contre les Congrégations : il était évident que Bismarck se ralliait aux mesures projetées et qu'il les ferait siennes, en temps opportun.

CHAPITRE III

1870. — Religieux aux ambulances, — Jésuites décorés. — Congrès des Vieux-Catholiques et de la *Ligue protestante,* — Protestation des évêques, — Pétitions pour et contre. — Falk, — La loi des « Jésuites », — Débats au Reichstag. — Guerre aux Jésuites ! — Bismarck ami des Jésuites, — Décrets aggravants, — Vexations policières, — Protestations des catholiques, — Pie IX. — L'épiscopat allemand, — Les Ordres affiliés, — Exil.

A peine la déclaration de guerre était-elle lancée entre la France et la Prusse, que le gouvernement de Berlin se hâtait de faire appel au dévouement des Congrégations religieuses, et spécialement des sœurs hospitalières et des Jésuites, pour soigner les blessés, ou pour assister les malades aux ambulances, sur les champs de bataille, dans les hopitaux. La liste des diverses congrégations qui répondirent immédiatement à cet appel, comprenaient 1909 infirmiers ou infirmières, dont 1567 religieuses. Dans le service de l'aumônerie spécialement, s'étaient enrôlés 26 prêtres séculiers et 55 religieux dont 33 Jésuites et 22 Rédemptoristes, Lazaristes ou Franciscains. De plus, la Compagnie de Jésus avait mobilisé tout son personnel de jeunes étudiants, environ 140, qui furent répartis par le ministère de la guerre dans la plupart des ambulances.

Le dévouement souvent héroïque de tous ces

religieux et leur aimable charité dans les emplois aussi rebutants que périlleux dont ils avaient le monopole, leur avaient valu, avec les touchantes effusions de cœur des malades, les plus beaux témoignages de sympathie de la part des officiers et des médecins, protestants ou catholiques, tous unanimes dans leur admiration. Deux Ordres religieux, plus spécialement, avaient été distingués et remerciés par l'empereur Guillaume, les Capucins et les Jésuites, et le 22 mai 1871, un décret impérial signalait à la reconnaissance de toute l'Allemagne les Pères de la Compagnie de Jésus, déclarant que tous étaient dignes de récompenses honorifiques, et conférant à l'Ordre entier, dans la personne d'un de ses membres, la Croix de fer, la plus haute marque d'honneur dont la couronne de Prusse récompense les actions éclatantes ou les éminents services rendus à l'Etat.

O'étaient ces mêmes hommes que le même gouvernement allait expulser de l'Empire, après les avoir si brillamment décorés.

Et l'heure de l'ingratitude ne fut pas lente à sonner. Déjà le 22 septembre 1871, le Congrès des Vieux-Catholiques — ces renégats manquaient jusqu'alors à la conjuration — protestait à Munich contre les éloges officiels décernés aux Jésuites et formulait cette note déclarative : « La paix et la prospérité de la nation, la concorde dans l'Eglise, le maintien des bons rapports entre la société civile et la société religieuse ne sont possibles qu'à la condition d'en finir une bonne fois avec les agissements de cet Ordre, qui met à profit sa puissance pour propager et pour entretenir chez les évêques, dans le clergé et parmi le peuple des tendances hostiles au progrès, dangereuses à l'État et antinationales. »

A défaut de griefs précis, c'était donc un procès de tendances que l'on instruisait contre la Compagnie de Jésus et l'on voyait s'avancer comme juges les Vieux-Catholiques !

Le 4 octobre, le Congrès protestant de Darmstadt, convoqué par Bluntschli, se montra plus heureux encore. C'est lui qui trouva la formule définitive, celle que devaient faire triompher au Bundesrath (conseil fédéral) et au Reichstag les délégués de la Franc-Maçonnerie, en déclarant « qu'il considérait comme un pressant devoir du protestantisme allemand de travailler avec la plus extrême énergie à exclure de l'école et de l'Église toute intervention des membres, quels qu'ils soient, appartenant ou affiliés à l'Ordre des Jésuites. » Et pour organiser plus efficacement encore la campagne, Bluntschli, quelques jours plus tard, adressa aux Loges une circulaire secrète, qui entrait dans les plus infimes détails de direction et de tactique.

Les catholiques, dès lors, ne purent se faire illusion. « Il n'est bruit que d'opposition, de projets de loi contre les Jésuites, » écrivait de Berlin Mgr de Ketteler, le 13 octobre 1871. « Pourtant rien ne se confirme et je crois que pour le moment on va nous laisser en repos, afin d'arriver plus sûrement à mener à terme par des lois tous les projets préparés contre nous. »

L'ère de la persécution venait de s'ouvrir en

effet. A peine réuni en deuxième session, le Reichstag était saisi d'un projet de loi contre les prétendus excès de la chaire (*Kanzelparagraph*) et le ministre de Bavière, von Lutz, pour justifier cette mesure avoua que Jésuitisme et Cléricalisme, c'était tout un, le clergé actuel ne valant pas mieux que les jésuites, à peu d'exceptions près. « C'est exact, répliquait Mallinckrodt dans la séance du 28 novembre 1871. Les Jésuites et le clergé, c'est tout un, en effet. Mais il faut bien savoir que pour caractériser cette parfaite communauté de vues et de sentiments, il n'y a qu'un mot que l'on puisse convenablement appliquer, celui de catholique (1). » — Un peu trop tôt le ministre Lutz s'était découvert, lui et son parti. Mais Bismarck était là pour remettre les choses au point en attestant avec solennité à la face du pays, que les mesures prises contre les Congrégations n'étaient en aucune manière dirigées contre l'Eglise catholique, puisque Congrégations et Eglise, cela fait deux.

Dès lors dans toute la presse protestante et libérale, ce fut une campagne des plus passionnées et des plus violentes, monstrueuse, mais méthodiquement menée, contre la Compagnie de Jésus. Mais aussi, devant ces calomnies et ces odieux outrages, les catholiques surent vaillamment se montrer ; ils préparèrent la résistance, ayant à leur tête leurs évêques qui, dans tous les diocèses d'Allemagne donnèrent intrépidement l'exemple.

(1) Cf. Moufang, *Actenstuecke betr. die Jesuiten in Deutschland*. Mainz, 1872, p. 3 sq.

Peu après l'Assemblée de Darmstadt, l'épiscopat prussien avait élevé la voix avec indignation pour protester contre cette campagne d'injures et de mensonges et pour adresser aux Pères de Germanie un solennel témoignage d'estime et de haute affection. Le 2 mars 1872, c'était Pie IX lui-même qui exprimait à la Compagnie de Jésus, dans un bref des plus consolants (1), « un nouveau signe de sa bienveillance extrêmement affectueuse. » — Bismarck ne pouvait plus dire, et comment l'a-t-il jamais osé? qu'en attaquant les Jésuites, il ne touchait en rien à l'Eglise catholique.

Après les conférences, les assemblées, campagne de presse, apparurent les pétitions ; c'était le moyen choisi pour agiter la question devant le Parlement. Car ne semblait-il pas opportun et bienvenu, à défaut de raisons, de s'appuyer sur le sentiment populaire? Avec une ardeur de fièvre, les Vieux-Catholiques — le nom de catholique, usurpé ou non, paraissait d'un grand poids dans l'affaire — et les membres de la Ligue protestante s'employèrent à recueillir des signatures. On avait espéré que les protestants donneraient en masse ; il n'en fut rien. Les chiffres des adhésions demeura dérisoire.

A leur tour, mais d'un mouvement spontané, les catholiques s'organisèrent, eux aussi, pour adresser au Reichstag, l'expression commune de leur attachement à la cause des Jésuites et leurs plus énergiques protestations. Du Rhin, de la Si-

(1) PFUELF, *Hermann von Mallinckrodt*, Mainz, 1880, p. 353.

lésie, de la Bavière, du Grand-Duché de Bade,
de tous les points du territoire affluaient les pétitions. Les ouvriers, entre tous, se distinguaient
par leur empressement à défendre les Pères qui
se dévouaient tant pour eux. Une liste qui courut
à *Aix-la-Chapelle*, fut couverte en peu de jours
de 2.600 signatures. La protestation des métal-
lurgistes d'Essen en portait plus de 6.000. « Si
jamais pétitions eurent de l'importance par leur
nombre et par leur caractère, ce sont, à n'en
pas douter, celles-là, » écrivait alors un député
protestant du Reichstag, et des plus éminents,
M. de Gerlach. « Voici en effet que des hommes
de tous états, du plus haut rang ou de basse condition, des hommes promus aux dignités et aux
emplois publics, dans tous les gouvernements,
dans toutes les parcelles de l'empire, viennent
d'eux-mêmes témoigner en faveur des Jésuites,
et ce témoignage, ils l'ont rendu en pleine connaissance de cause, la plupart sur leur expérience
directe et personnelle (1). »

Le 15 mai 1872, s'ouvraient les débats au
Reichstag. Au ministre des cultes von Muehler
accusé de modérantisme et bien décidé d'ailleurs à
ne point prêter les mains à cette inique besogne,
avait succédé, quatre mois auparavant, le délégué prussien au Conseil fédéral, Adalbert Falk,
l'homme qui devait attacher son nom à toutes
les iniquités du *Culturkampf*, car c'est lui qui di-
rigea, extérieurement du moins, toutes les opé-

---

(1) *Bref au cardinal Patrizzi*, dans la *Revue des sciences
eccl.*, t. 23, p. 119.

rations et qui mena les charges les plus violentes.
A peine installé, il s'était mis en devoir d'expulser de l'empire les Jésuites étrangers, « pour
couper court à toutes les tendances anarchiques. »
Cette exécution sommaire eut lieu en avril et la
façon dont elle fut accomplie, réjouit grandement
le cœur des libéraux ; c'était bien là l'homme à
poigne qu'il leur fallait.

Quant au chancelier, il se dissimulait dans
l'ombre, pas tout à fait pourtant, mais assez pour
pouvoir dire et faire redire plus tard, qu'il
n'avait jamais eu de méchants desseins contre les
Jésuites et qu'il n'était pour rien dans l'aventure
du *Culturkampf*. Vanité de grand homme qui a
frappé un mauvais coup et qui s'en lave les mains.
Mais l'histoire en a pris note. Si le nom de Falk
est pour jamais accollé à celui de cette triste persécution, il est juste de laisser à chacun la responsabilité proportionnelle de ses œuvres : le
grand meneur était Bismarck.

La discussion fut ardente. Moufang, le comte
de Ballestrem, Hermann de Mallinckrodt firent
pleine justice de tous les prétextes hypocritement
invoqués par le parti libéral pour justifier le projet d'une loi d'exception contre les Jésuites. Et
quand le franc-maçon Wagner, l'homme de
confiance et le porte-parole quasi officiel du
chancelier, vint soutenir, aux termes du programme, qu'il n'était nullement question de
molester l'Eglise catholique, croyant calmer
ainsi les craintes, ou endormir les tristesses de
la minorité, Windthorst se leva, et de sa voix
vibrante : « Il s'agit d'une guerre à mort, vous

dis-je, contre le catholicisme. Le schisme de Doellinger a échoué, et ce que vous voulez maintenant, c'est créer une Eglise nationale, c'est détacher du Saint-Siège les catholiques allemands et les soumettre au knout de la police ! » Wagner se tut.

Ce fut pour M. de Gerlach et pour quelques âmes loyales une sorte de révélation.

N'ayant pas réussi à obtenir l'ordre du jour pur et simple, les 56 députés du centre et les 11 membres de la fraction polonaise demandèrent alors le renvoi de toutes les pétitions au chancelier de l'Empire ; en même temps, ils prièrent le Reichstag, au nom de la plus élémentaire équité, de prendre en considération une motion d'enquête à l'effet de constater quels attentats depuis vingt ans avaient pu être commis par les Jésuites contre l'Etat et contre les lois, ou même et seulement cela, quels actes avaient été de nature à compromettre en quelque manière la paix religieuse.

Déni de justice inqualifiable, la majorité refusa. Résolue à condamner, elle se souciait peu de chercher des preuves ; et à quoi bon, puisqu'il n'y en avait pas ?

224 voix contre 73 repoussèrent la proposition Mallinckrodt. Sur quoi, le député Wagner formula séance tenante la motion qui suit, inspirée par Bismarck lui-même : « Le chancelier de l'Empire est invité à présenter au Reichstag... un projet de loi tendant à régler *la situation légale* des Congrégations et associations religieuses, à déterminer les conditions d'autori-

sation, et à frapper des peines correctionnelles tout agissement de leur part, surtout de la part des Jésuites, qui sera réputé dangereux pour la sécurité de l'Etat. »

Une première rédaction du projet déposé tout d'abord par Wagner et, sans nul doute, émanée de Bismarck, n'offrait point ces allures jacobines ; dans le fond comme dans la forme, elle affectait plutôt la modération. Mais les libéraux l'avaient jugée trop anodine et finalement, à la suite d'une vive discussion avec le chancelier, qui assistait, très nerveux, à la séance, Wagner s'était rallié à cette seconde formule, dont il avait, du reste, élaboré ou tout au moins perfectionné le texte (1). Bismarck, comme la plupart des chefs de gouvernement, n'était-il pas aux ordres de sa majorité ? Sans être prophète, il était aisé de prédire que cette première concession serait suivie d'une foule d'autres ; et quelques mois suffiront en effet au cours des événements pour transformer en loi brutale d'expulsion ce projet, qui, du moins, conservait encore quelques apparences de légalité.

Entre temps, les membres du Bundesrath, à qui revenait l'initiative du projet de loi, s'agitaient, impatients d'agir. Ils craignaient souverainement de donner à l'opinion publique, si les débats traînaient en longueur le temps de s'émouvoir et tout leur souci fut de couper court aux manifestations indignées et bruyantes des catholiques. En huit jours, un projet de bannissement,

(1) DE GERLACH, *Kaiser und Papst*. Berlin 1872, p. 41.

mis à l'étude, fut discuté, définitivement rédigé et déposé sur le bureau du Reichstag ; il était ainsi conçu :

« Art. I. — La police territoriale a le droit d'interdire aux membres de la Compagnie de Jésus et des autres Congrégations affiliées à cet Ordre, même à ceux qui jouissent de l'indigénat, le séjour sur un point quelconque du territoire.

« Art. II. — Le Conseil fédéral est chargé de prendre les mesures nécessaires pour assurer l'exécution de la présente loi. »

Le commissaire du *Bundesrath* était le Juif Friedberg, professeur de droit à l'Université de Leipzig, un des hommes les plus hostiles à toute idée chrétienne et de tous celui qui avait pris la part la plus décisive dans la lutte à mort contre les Congrégations. Son plan était notoire : il avait toujours réclamé la séparation absolue de l'Eglise et de l'Etat, c'est-à-dire, comme il l'expliquait, la suprématie illimitée de l'Etat et la sécularisation de l'Eglise. Cette année même, deux importants ouvrages de Friedberg développaient et tendaient à promouvoir dans les cercles politiques ce programme radical (1).

Mais en face de l'opinion, Friedberg modifia son attitude. Il n'était question, dans le rapport qu'il lut au Reichstag, que de paix avec l'Eglise. Le gouvernement n'entendait heurter ni ses dogmes ni ses droits. Simplement, on séparait de la cause commune la cause des Jésuites

(1) Majunke, *Op. cit.*, p. 81.

qui donnaient à l'Etat des soucis particuliers, car leurs agissements, comme tels, renfermaient un péril grave pour la nation.

« Quel péril ? Quels agissements ? » demanda Mallinckrodt dans un discours véhément et superbe. Il est toujours aisé de placer des mots à effet ; mais nous avons à nous prononcer sur des actes. Justifiez vos paroles. Quels sont-ils, ces actes blâmables ou dangereux ? Citez un fait, un seul, que l'on puisse, depuis le retour des Jésuites parmi nous, leur reprocher. Articulez un grief. Formulez une plainte, une seule. Nous attendons. »

Aucun grief ne fut articulé ; aucune plainte ne fut formulée. Ce n'était pas sans motif, à coup sûr, que le gouvernement et la coalition libérale avaient repoussé la motion d'enquête proposée par le Centre. Friedberg avait bien accusé les Jésuites, il est vrai, d'avoir reçu, de la plupart des évêques allemands, la mission de prêcher au clergé les retraites sacerdotales. Mais n'était-ce pas leur éloge ? Il avait anathématisé leur morale. Mais quelle morale ? Aussi, ne trouvant rien à répondre, les ministres restaient-ils cloués à leur banc, silencieux (1).

« Vous n'avez donc rien à dire ? » poursuivit l'orateur. « Mais n'est-ce point l'innocence des Jésuites que vous proclamez ainsi, resplendissante, à la face du monde ? » Puis, après avoir

(1) *Die Grenzen zwischen Staat und Kirche*, Tuebingen 1872, et *Das Deutsche Reich und die Katholische Kirche*, Leipzig 1872.

montré dans un tableau coloré et brillant tout
ce que les Jésuites avaient fait pour leur pays,
surtout durant les deux dernières guerres, d'Autriche et de France ; après avoir rappelé, sur la
fci des documents officiels, que les actes de
dévouement les plus héroïques et les actes de
bravoure les plus éclatants, c'étaient précisément
les Jésuites, et les élèves des Jésuites, qui en
avaient eu l'honneur, au vu et au su de toute
l'Allemagne ; après avoir signalé ce qu'ils entre-
prenaient pour le peuple, et comme ils en étaient
aimés ; après avoir démontré, pièces en main,
que l'amitié des Jésuites, Bismarck lui-même
l'avait recherchée, sollicitée : « Il est donc avéré,
Messieurs, que l'on n'a pas un seul fait, pas un,
à reprocher aux Jésuites, » conclut-il. « Et maintenant le gouvernement impérial a le front, oh !
ce n'est pas trop dire, de soumettre au même
traitement que les repris de justice ces hommes
que des centaines de mille, des millions de nos
concitoyens entourent de leur vénération, à cause
de leurs éminentes vertus et du bien qu'ils font
en surabondance au pays ! Et vous, à cause de
cela aussi, voilà que vous leur refusez ce qui
n'est dénié à personne, en aucun pays du monde,
le droit d'exiger une enquête publique de leurs
actions, le droit de se défendre avant d'être
condamnés ! » (1).

Trois jours durant la discussion se poursuivit,
chaleureuse, haineuse, perfide, sournoise, où

(1) MAJUNKE, *Op. cit.* p. 81 sq. Cf. MOUFANG, *Actenstuecke
betr. die Jesuiten.* Mainz 1872.

vibrante d'indignation, de franchise de raison,
suivant les partis et suivant les hommes. L'attitude des libéraux fut désastreuse; de vagues
accusations d'ultramontanisme, d'infaillibilisme,
de papisme; des faux-fuyants; des équivoques.
Un seul membre de l'opposition, M. de Gerlach,
eut la bravoure de dénoncer publiquement l'iniquité de son parti et de la flétrir; mais il fut flétri
à son tour par les siens, hué. De part et d'autre,
on se rendait parfaitement compte que la cause
des Jésuites n'était point du tout question inci-
dente, comme l'avait dit Friedberg, mais question
capitale et brûlante, derrière laquelle se dissimulait mal une déclaration de guerre à tous les
autres Ordres religieux et à l'Eglise catholique
elle-même.

Wagner, au nom de son parti, ne s'en cacha
point et finit par déclarer que l'Empire et Rome
étaient « deux belligérants.» Déclaration souvé-
rainement maladroite, en vérité, et bien com-
promettante, puisqu'elle dévoilait dans tout son
jour l'hypocrisie de Friedberg et trahissait, trop
tôt, les plans du chancelier; mais elle lui était
arrachée par l'éloquence pressante et splen-
dide des députés du Centre, Mallinckrodt, Rel-
chensperger, Windthorst, qui n'avaient rien
laissé debout des prétextes chicaniers mis en
avant par les libéraux. — « Si c'est pour cette
raison que vous bannissez les Jésuites,» s'écria
Windthorst, « alors, pourquoi ne pas nous proscrire nous aussi, nous, députés catholiques, à qui
vous venez de déclarer la guerre, et qui relevons
votre défi? »

Aussi fièrement et solennellement proclamée, cette solidarité de tout le parti catholique et de ses chefs avec la Compagnie de Jésus, était sans nul doute, avec la manifestation collective des évêques, le plus bel hommage que les Jésuites pussent recevoir en Allemagne, au seuil de l'exil.

Des autres Ordres il ne fut point question au cours des débats, et il était impossible de les défendre, puisque le projet de loi n'en désignait aucun expressément et ne connaissait que des Congrégations « affiliées aux Jésuites, ou analogues », terme insidieux et louche, s'il en fut.

Mais là précisément, dans l'obscurité voulue de l'expression, se reconnaissaient toute l'hypocrisie de la loi, et tout le danger. C'était l'arbitraire que l'on érigeait ainsi en principe légal, le pur arbitraire de la police et du parti au pouvoir. Qu'est-ce qui constitue un degré de parenté avec les Jésuites ? Une affiliation ? Une analogie ? — « La doctrine et, de plus, l'obéissance à un chef résidant à Rome, » répondit d'abord le commissaire du gouvernement. On lui montra aussitôt que tous les catholiques professaient la doctrine des Jésuites et que tous avaient un chef à Rome, le pape. — « Le Conseil fédéral statuera, » conclut alors Friedberg. Mais de la décision du Bundesrath, qui pouvait douter ? Seront Jésuites, évidemment, ou apparentés aux Jésuites, tous ceux que le gouvernement voudra expulser ; et ce sera la série entière des Congrégations.

Bref, après diverses modifications de détail, qui toutes contenaient une aggravation relativement au premier projet, le texte de loi suivant fut proposé par l'Union libérale et mis aux voix, le 19 juin.

« § 1er. — L'ordre de la Compagnie de Jésus, et les Ordres ayant de l'affinité avec lui, ainsi que les Congrégations analogues, sont exclus du territoire de l'Empire allemand. La fondation d'établissement nouveau leur est interdite. Quant aux communautés existantes, elles devront se dissoudre dans un délai que fixera le Conseil fédéral, mais ne pouvant dépasser six mois.

« § 2. — Les membres de l'Ordre de la Compagnie de Jésus, ou des Ordres apparentés avec lui, ou des Congrégations analogues peuvent, s'ils sont étrangers, être bannis du domaine fédéral ; s'ils sont indigènes, il pourra leur être assigné une demeure fixe dans certains districts ou lieux déterminés à cet effet.

« § 3. — Le Conseil fédéral est chargé de l'exécution de la présente loi. »

La loi fut votée par 183 voix contre 101. Le 4 juillet, elle recevait la sanction impériale et paraissait à l'Officiel (Reichsanzeiger) avec une adjonction aggravante, en vertu de laquelle le *Bundesrath* soumettait individuellement les membres de la Compagnie de Jésus à la surveillance de la police. Dès le lendemain, ordre était donné à tous les préfets de la police allemande d'interdire aux jésuites l'exercice de tout ministère, « spécialement à l'église, aux écoles et dans les missions », et quelques jours plus tard on allait par une comique frayeur et par la plus inique des vexations, jusqu'à leur enjoindre d'avoir à s'abstenir de toute fonction sacerdotale.

Contre cette loi de honte, les protestations des catholiques furent énergiques et fières. Rien n'est plus digne, rien n'est plus beau, sans doute, dans l'histoire des revendications des partis opprimés, que l'*Adresse* du 8 juillet émise par le Comité de *l'Association des catholiques allemands* (*Verein der deutschen Katholiken*) et signée des noms les plus glorieux (1)

Mais Pie IX avait tenu à faire entendre le premier sa voix émue et courageuse. A une députation allemande qui obtenait audience le 23 juin, il disait, lisant dans l'avenir : « La persécution est donc préparée déjà et inaugurée en Allemagne ; à la suite des succès qu'il a remportés, le premier ministre du nouvel empire est devenu l'auteur principal de cette persécution. Mais Nous lui avons fait dire que tout triomphe sans modestie est passager, et que le triomphe qui se tourne en persécution contre l'Eglise, est la plus grande de toutes les folies... Qui sait si bientôt la petite pierre ne se détachera point de la montagne et ne renversera pas le colosse en le frappant au pied ? »

Un peu plus tard, le 20 septembre, ce n'était plus seulement une protestation, c'était la plus serrée et la plus victorieuse des apologies que publiaient collectivement, au nom de l'Eglise d'Allemagne, les archevêques et évêques de tout l'Empire réunis à Fulda. Un à un, tous les griefs évoqués contre les Congrégations, et spéciale-

(1) Le document est cité en *Appendice.*

ment contre les Jésuites, étaient succinctement, mais énergiquement réfutés. Puis le *Memorandum* ajoutait : « On prétexte enfin que l'opinion publique réclame la proscription des Jésuites. Nous demandons, nous, quelle est cette opinion publique ? Les représentants de l'opinion compétente, dans le cas présent, ce sont les évêques, c'est le clergé catholique, c'est le peuple catholique, ce peuple-là surtout qui a vu de ses yeux leurs actes, entendu de ses oreilles leurs discours, tous ceux, enfin, qui ont observé de près ces hommes, qui ont vécu auprès d'eux, et dont vous avez blessé si profondément l'âme aujourd'hui, en les séparant de ces guides expérimentés ».

Le gouvernement répondit en expulsant, dans les huit jours, tous les Jésuites de l'Empire. Du moins était-ce pour eux une impérissable consolation d'emporter dans leur exil, avec de si nobles témoignages d'estime, les regrets de catholiques si généreux et l'affection de si fiers évêques.

Huit mois plus tard, 20 mai 1873, le Conseil fédéral ayant terminé son enquête sur les Congrégations affiliées, ou non, à la Compagnie de Jésus lançait, comme au hasard, un décret de bannissement contre les Rédemptoristes, les Lazaristes, les Pères du Saint-Esprit et les Dames du Sacré-Cœur. Personne n'ignore que toutes ces congrégations sont autonomes, qu'elle n'ont rien de commun, comme organisme particulier, avec la Compagnie de Jésus. Mais par leur dévouement signalé à la cause catholique, elles avaient encouru très spécialement les colères du gouver-

nement prussien, et, sans les entendre, en tapi-
nois, on les déclarait affiliées pour être en mesure,
de les proscrire; tel était le bon vouloir de
Bismarck.

Comme les Jésuites, ces quatre Congrégations,
se retirèrent pacifiquement sans bruit.

CHAPITRE IV

Plans occultes. — Documentation et statistiques. — Les
Sœurs de charité et le ministre de la guerre. —
Vieille chanson. — Loi de 1875. — L'épiscopat. — Les
orateurs catholiques. — Energumènes. — L'avilisse-
ment de la Prusse. — Les déboires de Bismarck. —
Notice prussienne.'—Perquisitions dans les cloîtres. —
Spoliations. — Manifestations populaires. — La guerre
aux cornettes blanches. — Désolation et deuil.

Le plan secret du gouvernement prussien dans
sa lutte contre l'Eglise catholique avait consisté
à isoler de la cause de l'Eglise la cause des Congrégations, et à procéder envers les Congrégations, elles-mêmes, par sectionnement, d'abord
contre les Jésuites, puis contre les Congrégations
vouées au ministère de la prédication ou à l'enseignement, enfin contre les Ordres contemplatifs
et tous les Instituts religieux, en bloc. Elaboré
dans les Loges, ce programme fut exécuté avec
toute la précision du triangle et de l'équerre,
sous le mot d'ordre maçonnique.

Mais, fort impatient de se signaler dans l'œuvre

néfaste qui lui était confiée, le ministre Falk n'avait point attendu le vote de la loi dite des Jésuites, pour opérer quelques coupes noires sur le terrain des Congrégations. — Dès le 15 juin, par suite d'ordres supérieurs, les présidents des *régences* (conseils administratifs) de Dusseldorf et autres villes, publient un arrêté en vertu duquel « toute fonction est interdite dans les écoles du royaume de Prusse aux membres des Congrégations religieuses. » — Le 4 juillet, à tous les élèves des établissements d'instruction secondaire défense est faite de prendre part et de donner son nom à une association religieuse de quelque nature qu'elle soit. — Le 12 juillet, par décret ministériel, « l'enseignement public à tous les degrés est interdit aux Congrégations religieuses, quelles qu'elles soient, et toutes les confréries de la Vierge sont supprimées désormais partout où elles existent (1) ».

L'heure allait sonner du grand sacrifice et de la suprême immolation. Les persécuteurs n'avaient plus devant eux que quelques moines en prière et des femmes dévouées au soin des malades et des pauvres ; contre ces âmes inoffensives, si douces à toutes les misères, le gouvernement prussien, excité, harcelé par la meute libérale, résolut de sévir avec un redoublement de brutalités.

Il était d'ailleurs aisé, et peu glorieux, d'en venir à bout. Ames simples et bonnes, il ne leur convenait pas, et elles n'avaient souci, de résister.

______

(1) Siegfried, *Op. cit*, p. 106 sq. Cf. Schulte Geschichte des Culturkampfes in Preussen. Essen 1882, p. 105.

Et qui pouvait les défendre, au surplus, quand déjà les « lois de mai » avaient accompli leur œuvre de désolation, alors que les évêques étaient emprisonnés, les paroisses en deuil de leurs prêtres, les catholiques, toujours vaillants, mais entravés dans leur action, dans leur organisation même, par les gendarmes, et par les tribunaux ?

Comme toujours, le ministère prussien procédait par informations, avant d'agir. Hinschius, son canoniste officiel, s'était livré à des travaux approfondis d'enquête dont il avait consigné les résultats dans un ouvrage aussitôt propagé dans toute l'Allemagne : *Les Ordres religieux et les Congrégations, en Prusse, leurs développements, leurs origines et leurs fins, d'après les documents officiels*. Berlin 1874. La documentation ayant ainsi préparé l'action, dans un pays où les citations sont persuasives et les chiffres éloquents, le Conseil fédéral se hâta d'entrer en rapport avec les différents gouvernements en vue d'élaborer un nouveau projet de loi sur les Congrégations.

Mais quelle loi ?

En Prusse, les ministres d'État n'étaient point d'accord. Lorsque fut soulevée la question au Conseil, en présence de l'Empereur, la majorité des ministres opina qu'il fallait proscrire purement et simplement toutes les Congrégations, même hospitalières, sans exception. Sur quoi le ministre de la guerre, général de Kameke, se leva : « De grâce, Messieurs ! Sans les Sœurs de charité, songez donc qu'il m'est impossible, à moi, d'entrer jamais en campagne ». On réfléchit en effet, et l'exception fut portée en faveur des hospitalières.

Le projet de loi formulé par le cabinet de Berlin et soumis à l'approbation royale, édictait :

§ 1. Les Ordres de l'Église catholique et associations similaires sont prohibés sur tout le territoire de la monarchie prussienne. Interdiction leur est faite de fonder des établissements nouveaux, et les établissements actuellement existants devront être fermés dans un délai de six mois. Toutefois, pour les maisons d'enseignement et d'éducation, ce délai pourra être porté à quatre ans, afin de faciliter à l'État le remplacement des maîtres et maîtresses.

§ 2. Les établissements ou associations consacrés *exclusivement* au soin des malades, continuent à jouir de leurs droits ; *mais ils peuvent être supprimés, en tout temps,* par ordonnance royale.

§ 3. Ces derniers établissements sont placés sous la surveillance de l'État.

Les paragraphes suivants statuaient sur les biens des Congrégations dissoutes, commis désormais à la tutelle de l'État, à seule charge de subventionner, pour une quote-part fixe des revenus, les membres nécessiteux de ces Congrégations. L'emploi des capitaux devait être réglé par une loi ultérieure.

En deux mots : égorgement et spoliation.

Et quelles raisons donner au peuple de cette législation barbare ? L'exposé des motifs se dispensait de cette formalité. Tout ce qu'il offrait à la conscience publique, pour calmer ses scrupules ou prévenir ses protestations, c'était encore et toujours, la vieille et monotone chanson du péril que les Ordres religieux faisaient courir à l'Etat, en raison « de leurs théories jésuitiques sur l'o-béissance, qui les livrent à la discrétion d'évêques rebelles », et en raison aussi « de l'influence qu'ils exercent sur les jeunes gens, sur l'âme po-pulaire et sur l'esprit des malades ». — Délire de la haine, et rien de plus.

Le 1ᵉʳ mai 1875, le gouvernement déposa sur le bureau de la Chambre son projet de loi et accepta la discussion pour la séance du 7 mai. Il fut réglé en même temps que, pour aller plus vite en besogne, les articles seraient discutés tout à la fois en première et deuxième lecture, d'une seule traite. *Quod facis, fac citius.*

Un mémoire adressé par les évêques à l'empe-reur était resté sans réponse.

En dehors de l'épiscopat, les persécutés eurent encore l'honneur de trouver dans Pierre Reichens-perger, dans Schorlemer-Alst et dans Windthorst des défenseurs dignes, par leur caractère et par leur talent, de la grande cause qui était en jeu. Reichensperger n'eut pas de peine à réduire à néant, d'une parole, les prétextes invoqués par le rapporteur de la loi ; il fit voir de près, en même temps, au gouvernement prussien, le peu de fruit qu'il retirerait de cette iniquité. « Non, elle ne vous servira point, pas plus que ne vous a servi, ne le voyez-vous pas ? votre loi sur les Jésuites ! »

Vainement M. de Schorlemer s'adressa-t-il aux sentiments d'humanité et d'honneur de l'assem-

blée : il préchait dans un désert. Mais il caracté-
risa justement la loi et la flétrit du fer rouge, en
jetant à la gauche cette phrase qui souleva des
tempêtes : « La loi contre les couvents, c'est la
confiscation du bien des pauvres et des malades ;
c'est un monument d'ingratitude ! »

Le ministre Falk vint défendre son œuvre, non
pas avec des arguments, mais, suivant sa cou-
tume qui est celle de l'universalité des jacobins,
avec des phrases sonores. A Reichensperger, qui
en appelait au paragraphe 30° de la Constitution,
qui garantit la liberté d'association pour tous
les citoyens, Falk opposa les raisons d'Etat.
« Qui ne voit que les Congrégations sont les ins-
truments de ces puissances (*Potenzen*) contre
lesquelles l'Etat croise le fer ? Les faits sont là.
Ne sont-ils pas éclatants ? Précisément, et sur
l'ordre du ministère, Hinschius a composé son
grand ouvrage pour mettre tous ces faits en lu-
mière. »

Et il se référa au passage du rapport qu'il avait
communiqué lui-même à la Chambre et qui éta-
blissait, par des séries de chiffres indiscutables,
« l'envahissement » des Congrégations, leur
marche en avant à l'assaut de l'Etat. Ce passage,
autour duquel roula toute la discussion et qui
offre en outre, comme source de renseignements,
un intérêt particulier, le voici tel que Falk en fit
lecture ;

« Il existe en Prusse 18 Ordres et Congrégations pour le ministère pastoral, avec 40 couvents
et 529 membres (Pères, Frères et Novices). Les
Ordres *contemplatifs* d'hommes, au nombre de 2,

comptent 49 membres ; les Ordres contemplatifs de femmes, au nombre de 3, comptent 8 établissements et 127 membres.

« Sont vouées exclusivement au *soin des malades* : 4 congrégations d'hommes avec 278 membres répartis en 23 établissements, et 13 congrégations de femmes avec 1204 membres répartis en 191 établissements.

« Enseignement : 3 Ordres d'hommes avec 10 établissements et 104 membres ; 22 Ordres de femmes avec 191 établissements et 2,639 religieuses.

« Congrégations à la fois *enseignantes et hospitalières* : 1 Congrégation d'hommes comprenant 3 établissements et 30 membres, et 18 Congrégations de femmes comprenant 233 établissements et 1,987 membres. En outre 6 Ordres de femmes avec 218 établissements et 1 278 membres voués principalement au soin des malades et accessoirement à l'éducation. De même 2 Ordres de femmes avec 16 couvents et 137 religieuses voués à l'éducation principalement, et accessoirement au soin des malades. Enfin il existe 4 Congrégations de femmes avec 31 couvents et 446 membres s'occupant d'œuvres de charité du caractère le plus divers. »

De là, vu le danger public, Falk concluait à la suppression radicale des Ordres religieux en Prusse.

« Quel danger, s'il vous plaît ? » demanda Windthorst, qui eut grand peine à se faire écouter de la gauche, mais qui trouva, pour défendre la cause des religieux, d'admirables accents.

« Comment ? Vous avez peur ? Vous dites que les Congrégations constituent un péril pour la sécurité de la nation ? Mais n'est-il pas étrangement risible de voir l'Etat prussien, avec l'énorme puissance de sa bureaucratie, de sa police, de son immense armée, avec les ressources — inépuisables, sans doute, — qu'il trouve dans le progrès même de la civilisation, trembler devant 7000 religieuses ? Je dois l'avouer, la honte m'empêcherait d'apporter pareil argument. »

Mais ni Falk, ni ses amis, ne se piquaient d'une si délicate pudeur. Ils crurent bon de revenir à la charge, de s'exclamer, de préciser. Oui, les Ordres religieux constituaient un danger public, un danger national. A tout prix, il fallait s'en préoccuper, si l'on voulait prévenir, et il n'était que temps, une catastrophe : la main mise des Congrégations sur l'Etat.

Et comme le Centre accueillait de ses rires prolongés ces burlesques déclarations, le député Jung vint corroborer les faits et interpréter au mieux le discours du ministre : « Celui qui se croit obligé aujourd'hui de colporter sa religion — dit-il — et, pour cela, de revêtir un habit spécial ; celui qui prononce des vœux grotesques, qui vit en bande, en troupeau, et finalement qui jure à Rome une obéissance de cadavre, au plus noir ennemi de notre jeune souveraineté germanico-prussienne, celui-là, Messieurs, est de trop dans l'Etat. C'est pourquoi je dis : hors d'ici ces gens-là, et au plus vite ! »

Que répondre à ces dithyrambes d'énergumène, sinon de protester à la face du pays et devant

l'histoire, sinon de gémir sur une pareille dégra-
dation ? Le comte Praschung, qui défendait plus
particulièrement les Sœurs de Charité, se chargea
de ce soin. « Eh quoi ! — s'écria-t-il — le dévouement sans bornes avec lequel vos officiers et
vos soldats ont été soignés dans les dernières
guerres par les Sœurs de charité, leur abnégation, leur courage au chevet des mourants, leur
vaillance en face du danger, ne trouvent pour
tout écho dans vos cœurs que le désir impatient
de les voir chassées du pays ?... Et moi, quand
je me transporte par la pensée vers le moment
où vous les aurez expulsées, ces religieuses, dont
un grand nombre porte des noms illustres, dont
plusieurs sont apparentées à la dynastie régnante,
mon cœur se serre d'une tristesse profonde. Mais
que cette tristesse est douce, encore, en comparai-
son de l'amertume, et de la honte que j'éprouve
à voir un pareil avilissement de mon pays ! »

Pour ces fortes et nobles paroles, le comte
Praschung fut frappé d'un rappel à l'ordre par
le président de la Chambre ; mais il n'avait été
que l'interprète des sentiments unanimes des catholiques prussiens. Au reste, cette Chambre-là
savait-elle encore ce que c'est que la honte ?

La loi infâme fut donc adoptée le 10 mai à une
majorité énorme : 243 voix contre 80. Presque
tous les conservateurs avaient voté cette fois, au
nom du protestantisme orthodoxe, avec les libéraux.

Le 25 mai, après une brève discussion, signalée
toutefois par un magnifique plaidoyer du comte
de Landsberg, la chambre des Seigneurs acquies-

çait au projet du gouvernement, par 66 voix contre 24, et huit jours à peine plus tard, dès le 31 mai, la loi, revêtue de la sanction impériale et officiellement promulguée, entrait en vigueur.

Le chancelier se déclara satisfait de sa politique. Etait-il bien sincère ? Car à mesurer sa gloire par la moisson de louanges qu'il recueillit il y avait de quoi rabattre, sans doute, de son insolente fierté. Aux protestations unanimes des catholiques, n'avait-on pas vu se joindre les critiques mordantes, les blâmes sévères d'un grand nombre de protestants, qui voyaient plus clair que Bismarck et qui se demandaient si tant de hideuses violences, dans cette sombre persécution, n'étaient point de nature à bouleverser la conscience publique, à éteindre la notion du droit, du juste et de l'injuste, à enflammer les haines et les passions, à déchirer l'Allemagne en irréconciliables partis et à conduire l'Etat, que l'on prétendait affermir en le dégageant, aux pires abîmes.

Le plus intrépide et le plus loyal de ces hommes qui prirent, contre le chancelier de fer, la défense de l'équité et de la raison, fut le député Kirchmann, de Breslau, membre de la fraction progressiste. Dans le journal démocratique *la Balance*, il employa tout son talent d'écrivain, toute son autorité de juriste et d'ancien président de cour d'appel, à mettre en relief, hardiment, les infamies et les incohérences de cette politique de persécuteur. Sa conclusion, très commentée alors, portait que ces conflits religieux ne s'étaient point produits d'eux-mêmes,

qu'ils n'existaient pas au temps où l'on commençait à les dénoncer, qu'ils avaient donc été provoqués artificiellement, et astucieusement, et
sous de futiles prétextes, « en grande partie par
la susceptibilité personnelle d'un homme d'Etat
qui a été blessé de se buter à une organisation
forte et bien armée, tandis que partout ailleurs
il ne trouvait qu'assentiment général et applaudissements enthousiastes pour ses grands succès
politiques. »

Voilà qui donne exactement le dernier mot de
cette campagne enragée contre les Congrégations
et n'est-ce point, comme on dit en Allemagne,
« frapper le clou sur la tête ? »

L'expulsion fut brutale. Tous les sbires de la
police exultèrent du rôle qui leur était dévolu :
tracasseries, vexations, insolences, menaces,
gestes outrageants, rien ne fut épargné aux proscrits de ce qui pouvait accroître encore l'amertume des derniers moments. La bureaucratie était
infatigable. C'est à toute heure du jour, et parfois de la nuit, qu'elle dépêchait ses ordres et
ses agents à travers les cloîtres. Espérait-on
saisir quelque document secret, quelques pièces
venues de Rome, et tenues sous d'obscurs verrous,
premiers indices d'une criminelle et ténébreuse
conjuration ? Qui le dira ? Il est plutôt à croire
que l'on cherchait matière à scandale. Les ignobles procédés du commissaire Klose au Carmel
de Cologne, les enquêtes de Bonn et de Posen,
pour ne citer que les faits les plus connus, en
témoignent surabondamment.

Mais la police prussienne en fut pour ses

allées et venues. Impossible à ses limiers de mettre la main sur le moindre « scandale », de dénicher dans les registres la moindre incorrection, de relever une négligence, un acte, un mot, que l'on pût exploiter ensuite dans la presse sur le compte des couvents. Elle finit donc par se lasser et mollir, honteuse apparemment de tant quérir et de ne rien trouver, mais aussi, afin de couvrir sa défaite, plus que jamais bousculante et rogue.

Et pourtant, sur les mystères des cloîtres, que n'avait-on pas écrit et dit ? C'était là l'origine de la campagne, le prétexte de cette immense et poignante persécution. Le « scandale de Cracovie » n'était qu'un prélude, affirmait-on, un avant-goût des atrocités que l'on allait découvrir, au fond de tous ces repaires de moines et de nonnes, en cherchant bien, surtout dans les cachots, sous les dalles ! On avait bien cherché, et partout, et à fond : Qu'avait-on découvert ? La fleur de toutes les vertus.

Mais ce fut une grande tristesse dans les âmes, en pays catholique, lorsqu'on vit ces saints religieux vénérés de tous, et ces douces figures de sœurs si compatissantes aux humbles et aux pauvres, prendre ainsi que des criminels la route de l'exil et s'en aller, comme dit le vieux proverbe allemand, à la misère. Dans bien des villes, une foule immense, réunie pour l'heure du départ, faisait cortège aux proscrits priant et pleurant.

Quand les Pères franciscains de Dusseldorf, au nombre de soixante-dix-sept, voulurent quitter

le monastère, ils trouvèrent presque toute la po-
pulation massée devant les portes du couvent,
et attendant, pour les saluer une dernière fois et
se jeter à leurs genoux, ceux dont la vie se passait
à semer la bonne parole dans les cœurs, à visiter
les indigents, à bénir les familles, à donner aux
ouvriers, aux petits, aux délaissés, aux souffrants,
tout ce qu'ils pouvaient leur donner, le meilleur
de leur affection et de leurs soins. Emus d'une
si touchante démonstration de foi et de reconnaissance, les bons Pères ne voulurent point s'exposer à ces adieux qui ressemblaient trop à une
ovation et dont s'effarouchait leur humilité : ils
résolurent de s'embarquer de nuit, sur le Rhin,
pour gagner de là les frontières de Hollande.
Mais la foule pieusement veillait. Quand le groupe
des religieux parvint à l'embarcadère, plusieurs
milliers de personnes étaient là, qui se portèrent
à la rencontre des bannis, implorant pour eux et
pour les leurs une dernière bénédiction. Les
Pères, le cœur serré par l'angoisse, bénirent ces
braves gens ; et quand la foule se releva, ce fut
au chant des cantiques qu'elle exhala le trop
plein de son âme dans l'âme des proscrits saluant
des hymnes de sa tristesse, où perçait une note
d'espoir, le vaisseau fugitif qui lentement se
détachait du port et qui bientôt disparut sous la
nuit, dans le lointain des flots.

La grande iniquité était consommée. Tous les
couvents, les uns après les autres, se dépeuplaient
et se fermaient. Aucune supplication ne put flé-
chir le chancelier de fer ; aucune autorisation ne
fut concédée ; aucun ajournement ne fut admis

sur la demande des intéressés. Le vieil empereur n'usa de son droit de grâce que pour des délais sans conséquence, et seulement dans trois cas. Aux bénédictins de l'Abbaye de Beuvron, il accorda, sur les instances de la princesse Catherine de Hohenzollern, fondatrice du monastère, un délai de quelques mois, et sur la requête de l'impératrice, aux deux couvents d'Ahrweiler et de Nonnenwerth dans la province Rhénane un délai de quatre ans. Ces deux couvents furent les seuls qui échappèrent aux dévastations de la tempête ; quand vint pour eux, en 1879, l'époque légale de leur dissolution, le Culturkampf touchait à sa fin et des jours meilleurs s'étaient levés pour les Congrégations.

Les derniers expulsés furent les Bénédictins de Beuvron, que la police dispersa aux premières neiges de l'hiver, le 3 décembre 1875.

Partout ailleurs, à part les quelques privilégiés dont le ministre n'avait pu effectuer encore le remplacement et qui chaque jour se faisaient plus rares, de tous les couvents, de tous les pensionnats, de toutes les écoles primaires, de toutes les salles d'asile, de tous les orphelinats, de toutes les maisons de correction, de tous les ouvroirs, religieux et religieuses avaient été bannis ; sur 819 communautés de religieuses enseignantes, 764 étaient déjà dissoutes au début de l'année 1879. La Westphalie, surtout, et la Prusse rhénane, si riches en monastères, en institutions pieuses, en œuvres de charité, eurent cruellement à souffrir de cette désolation.

D'une si merveilleuse floraison d'Instituts et

d'Ordres religieux dont s'enorgueillissait l'Allemagne catholique, et qui commençaient à rappeler les plus beaux temps du Saint-Empire, que restait-il désormais ?

Seules, quelques hospitalières, çà et là, continuaient bien tristement leur mission de charité, inquiétées de toutes façons, aux prises avec les gens de loi, harcelées par la bureaucratie, rudoyées par des directeurs sans vergogne. Aux inspections succédaient les inspections, aux interrogatoires les interrogatoires, aux formalités les formalités. Des registres devaient être tenus, en partie double, dans lesquels seraient consignés non seulement toute permutation dans le personnel, mais tout changement survenu dans les fonctions mêmes qui avaient trait à la vie intime de la Congrégation. Parfois ordre était donné aux supérieures d'exposer en détail les motifs de ces changements et chaque fois elles avaient à se présenter elles-mêmes en personne aux bureaux de la police.

Rien ne fut omis de ce qui pouvait entraver le fonctionnement normal des établissements et rendre à toutes ces congrégations la vie impossible ; car leurs jours étaient comptés. Non seulement l'admission des novices était soumise à l'autorisation préalable de l'Etat, non seulement le transfert d'une religieuse d'une maison dans une autre ne pouvait avoir lieu qu'après enquête opérée par un délégué civil, mais il était interdit aux sœurs de fonder de nouveaux établissements et l'on eut la cruauté de leur imposer dans les établissements qu'elles dirigeaient alors, des infirmières laïques dont elles devaient faire l'éducation jusqu'au jour où celles-ci en sauraient assez pour remplacer les cornettes blanches.

On comprend quel deuil sombre et amer enveloppa toute l'Allemagne, après ces sanglantes hécatombes. La vie catholique, amputée dans ses membres les plus robustes et les plus actifs, en restait paralysée et la consternation s'emparait de tous les cœurs. Mais que faire devant la force brutale ? Le clergé, qui manifestait son indignation, comme à Trèves, était frappé d'amendes, et les évêques ne pouvaient rien, de leur prison.

Il fallut bien, pour l'heure, laisser tourbillonner le souffle de la tempête. Mais le peuple catholique priait, il protestait, et, tout en souffrant, il s'organisait, sous la conduite de chefs intrépides et magnifiquement doués, pour les luttes de l'avenir.

Aux prudents et aux forts, qui ont pour eux le droit, qui mettent Dieu, avant tout, dans leurs intérêts, l'avenir a-t-il jamais failli ?

APPENDICE

Protestation de l'Association des catholiques allemands contre la loi du 19 juin sur les Jésuites et les ordres affiliés.

« A l'ouverture du premier Parlement de la nation allemande, Sa Majesté l'Empereur termina le discours du Trône par les paroles suivantes :
« Puisse la restauration de l'empire germanique

être pour le peuple allemand, même à l'intérieur, une garantie de grandeur nouvelle ! Dieu veuille qu'après une guerre si glorieusement conduite, la tâche de la nation allemande soit désormais de triompher dans les travaux de la paix ! »

« Les espérances que ce discours autorisait à concevoir ne se sont point réalisées. En contradiction avec le désir exprimé par le chef suprême de la nation, certains partis, et à leur tête la *Ligue protestante* par ses résolutions datées de Darmstadt les 4 et 5 octobre 1871, ont jeté le gant à l'Eglise catholique. Ils ont écrit sur leur bannière : *Guerre aux institutions de l'Eglise*, et ils ont semé ainsi à travers l'Empire les germes de la zizanie et de la haine. Depuis ce temps les catholiques ont vu s'élever contre eux les flots toujours grossissants de la calomnie et de la persécution ; et, à leur grande douleur, ils ont pu s'apercevoir que ces attaques ont trouvé un écho au sein même du Parlement et qu'elles ont provoqué les décisions les plus déplorables. Nous sommes tenus de protester solennellement contre de pareils procédés et nous protestons spécialement contre les articles de loi votés au Reichstag le 19 juin, parce qu'ils constituent, dans notre conviction intime :

« 1° Une grave offense envers l'Eglise catholique, qui a non seulement approuvé la Compagnie de Jésus, mais qui l'a prise à son service, et une menace en même temps à tous les catholiques, qui professent avec elle les mêmes principes de foi et de morale ;

« 2° Une atteinte nullement justifiée à la liberté

personnelle ; une condamnation de citoyens innocents, contre lesquels on a élevé les plus graves accusations, sans leur accorder le droit, qui n'est jamais refusé aux plus grands criminels, d'être entendus par des juges: le droit d'enquête et de défense;

« 3° Un acte d'ingratitude dont se rend coupable la patrie envers ceux de ses enfants qui ont prodigué, suivant le témoignage universel, dans des temps difficiles, les preuves les plus glorieuses de leur courage et de leur abnégation ;

« 4° Un criant mépris de l'opinion du peuple, qui s'est manifestée hautement, solennellement, dans plus de deux mille pétitions...

« Nous protestons, parce qu'il est indigne de la puissance et de la grandeur de l'Allemagne de recourir à des actes de violence contre un groupe de deux cents prêtres à peine et sans défense ;

« Nous protestons, parce que ces mesures ne forment, pour ainsi dire, qu'un anneau dans cette chaîne d'empiétements où l'on voudrait emprisonner l'organisme de l'Eglise, et qu'elles s'attaquent à ce céleste royaume fondé par Jésus-Christ sur la terre, en le frappant dans sa liberté, dans ses droits tels que les garantit la constitution des Etats, et en cherchant à le livrer aux purs caprices de la puissance humaine.

« Nous, catholiques, nous ne permettrons jamais que le plus sacré de nos biens soit abandonné aux caprices d'une majorité sectaire. Notre religion doit être libre et indépendante ; elle le doit, afin d'accomplir sans entraves sa noble mission, pour la paix et le bonheur de la patrie.

« Mayence, le 8 juillet 1872.

« Le conseil de l'Association des catholiques allemands :

Baron de Loë, président ; baron de Frankenstein, vice-président ; Joseph Racke, 1ᵉʳ secrétaire ; Eugène Haffner, 2ᵉ secrétaire ; Backe, Baudri, prince Charles d'Isenburg, baron de Wambolt, comte Louis Arco-Zinneberg, Dieffenbach, Falk III, Fischer, chanoine Haffner, docteur Jung, de Kehler, baron de Ketteler, Joseph Lingens, chanoine Molitor, baron de Schorlemer, comte Caius Stolberg-Stolberg, comte Wilderich de Walderdorff. »

BIBLIOGRAPHIE

SIEGFRIED. — *Aktenstuecke betreffend den preussischen « Kulturkampf »*. Freiburg I-B, 1883.

MOUFANG. — *Aktenstuecke betreffend die Jesuiten in Deutschland*, Mainz 1872.

MAJUNKE. — *Geschichte des « Kulturkampfes » in Preussen-Deutschland*, 2 Aufl., Paderborn 1902.

BRUECK. — *Geschichte der Katholischen Kirche Deutschlands im 19 Jahrhundert*, Mainz 1888.

JANISZEWSKI. — *Histoire de la persécution de l'Eglise catholique en Prusse (1870-1876), traduite en français par ***, revue et précédée d'une introduction par le R. P. Lescœur, prêtre de l'Oratoire*, Bruxelles 1879.

HEIMBUCHER. — *Die Orden und Kongregationen der Katholischen Kirche*. Paderborn 1897.

RATZINGER. — *Geschichte der Kirchlichen Armenpflege*, 2 Aufl., Freiburg I-B, 1884. *Stimmen aus Maria, Laach*, 1873.

PFUELF. — *Hermann von Mallinckrodt*, Freiburg I-B.

DE HAMMERSTEIN. *Winfried*. Trier 1889.

TABLE DES MATIÈRES

FIN DE LA TABLE

Saint-Amand (Cher). — Imprimerie BUSSIÈRE.